Gustav Falke

Hohe Sommertage

Neue Gedichte

Gustav Falke

Hohe Sommertage
Neue Gedichte

ISBN/EAN: 9783337353186

Hergestellt in Europa, USA, Kanada, Australien, Japan

Cover: Foto ©Thomas Meinert / pixelio.de

Weitere Bücher finden Sie auf **www.hansebooks.com**

Hohe Sommertage

Neue Gedichte

von Gustav Falke

Hamburg — Alfred Janssen — 1902

Seinen lieben Freunden

Karl und Elisabeth Schütze

herzlichst zugeeignet.

Inhalt

Sommer

Ihr singt von schönen Frühlingstagen,
Von Blütenduft und Sonnenschein,
Ich will nichts nach dem Frühling fragen,
Nein Sommer, Sommer muss es sein.

Wo alles drängt und sich bereitet
Auf einen goldnen Erntetag,
Wo jede Frucht sich schwellt und weitet

Und schenkt, was Süßes in ihr lag.

Auch ich bin eine herbe, harte,
Bin eine Frucht, die langsam reift.
O Glut des Sommers, komm! Ich warte,
Dass mich dein heißer Atem streift.

Der Parkteich

Ein stiller Teich träumt im verlassnen Park,
Von sonnendunklem Laub dicht überschattet.
Nur manchmal, wenn der Wind heftiger rauscht,
Huscht ein verlorner Lichtstrahl übers Wasser,
Und zittert ein erschrockenes Wellchen auf
Und hastet ängstlich in das Uferkraut.

Einsamer Weg führt um den stillen Teich,
Gleich ihm von hängenden Zweigen überdämmert.
Halbausgelöschte Spuren sind im Weg
Vom Regen halb verwaschen und vom Wind
Sacht überstäubt. Von wem erzählen sie?

Mir ist, als müsste diese große Stille
Ein Mädchenlachen plötzlich unterbrechen,
Aus ihrem grünen Traum aufstören. Wenn der Wind
Das Laub ein wenig hebt, und in dem Spiegel
Des dunklen Teichs ein Licht aufblitzt, gedenk ich
Eines tieflieben, jungen Augenpaares,
Das ich aus einem stillen Mädchentraum
Manchmal aufleuchten sehe, und ich meine,
Es hätte hier wohl einmal vor dem Bild
Parkstillen Friedens lieblich sich erhellt.

Ein sanftes Wellchen hebt sich an das Ufer.

Will es den Platz mir zeigen, wo sie stand?
Wo sie gesessen? Leise rauscht das Laub.
Es ist ein Flüstern. Ach, was flüstert's doch?
Nichts. Nur ein Laub im Wind. Doch in mir wacht
Ein Holdes auf und sucht nach Worten, findet
Nur einen lieben Namen, und der schwebt,
Leise dem Wind vertraut, über den Teich.

Bewahr den Namen, märchentiefe Stille,
Bewahre ihn, dass er, ein süßer Laut
Der lieblichen Natur, hier Heimat hat.
Und kehrt sie wieder, wandelt einmal noch
Durch diesen Frieden, der nun doppelt heilig,
Mag sie, wie ich heut, lauschend stehn und fragen:
Was flüstert doch das Laub? Und mag erröten
Und lächeln, meint sie, übern Teich her ruft
Ein andrer sie mit Namen.

       Leise rauscht
Das sommerdunkle Laub rings um den Teich.
Ein Sonnenlächeln zittert auf dem Spiegel.
Und horch! Ein Mädchenlachen? Nein, Herz, nein.
Traumstille Einsamkeit nur atmete
Einmal aus ihrem Frieden selig auf.

Trüber Tag

Ein feuchtes Wehen wühlt im Laub und streut
Ins nasse Gras ringsum den Tropfenfall,
Und wo noch gestern laute Lust, träumt heut
Schwermütiges Schweigen überall.

Die frühen Rosen frieren so im Wind.

Gestern, als heißer Mittag darauf lag,
Brach ich die schönste dir. Wo bist du, Kind?
Wo ist die Rose? Wo der helle Tag?

Auch morgen, wenn die Sonne wieder scheint,
Und ganz voll Duft mein kleiner Garten ist,
Ruft dich mein Herz und weint
Und weiß nicht, wo du bist.

Vergebliche Bitte

Maiblumen, deinem Herzen nah,
Blühten an deinem Kleide.
Ich bat: „Schenk mir den Frühling da."
„Nein," riefst du mir zu Leide.
„Es war nur Spiel, war nur zum Scherz,
Dass ich mich damit schmückte."
Und wie ein Stich ging mir's durchs Herz,
Als deine Hand die Blumen schnell
Vom Busen riss und auf der Stell
Zerpflückte, zerpflückte.

Was gabst du mir die Blumen nicht,
Mir, dem die Jugend schwindet,
Und der auf deinem Angesicht
Ihr letztes Glück noch findet?
Mir war's, als so umsonst ich warb
Um diese Frühlingsspenden,
Als ob nun mit den Blumen starb
Auch meiner Jugend goldner Tag,
Und seine letzte Blüte lag
Zerpflückt von deinen Händen.

Liebesgestammel

Es ist alles nicht auszusagen,
Was ich um dich gelitten.
Du musst meine schlaflosen Nächte fragen,
Da ich mit Beten um dich gestritten,
Mit Wünschen und Sehnen und Hoffen viel
Trieb ein thörichtes Liebesspiel.

Und wenn ich dann an deiner Seite
Wunderseliges tief gespürt,
Und, wie auf seinem Teppichgebreite
Des Moslems Stirn die Erde berührt,
Vor dir anbetend die Seele geneigt,
Die sich so gern in Stolz versteigt,
Da ist mir so recht in Wonnen und Bangen
Das Wesen der Liebe aufgegangen.
So willenlos, keusch, himmelsrein
In eine Seele versunken sein,
Holdeste Zweieinigkeit
Ohne Sinnenwiderstreit.

Aber getrennt, ging ich umher
Eine einsame Seele, die keiner versteht.
Sie bangt um ihren Himmel sehr
Und weiß nicht, wo die Straße geht,
Schlägt in rastlosem Sehnsuchtsspiel
Tausend Brücken nach ihrem Ziel,
Über die mit zitternden Knien
All ihre weinenden Wünsche ziehn.

Ich bin dein,
O wärst du mein!
Hülfe mir Beten, hülfe mir Bitten —
Aber ich will mich des Hoffens entschlagen.

Es ist alles nicht auszusagen,
Was ich so lange um dich gelitten.

Waldgang

Heut bin ich durch den fremden Wald gegangen,
Abseits von Dorf und Feld und Erntemühen.
Den ganzen Tag trug ich ein Herzverlangen
Nach diesem Gang. Nun stahl das erste Glühen
Des Abends heimlich sich ins Dämmerreich
Des Buchenschlages, und das Laub entbrannte
In einem roten Gold ringsum, und gleich
Glühwürmchen lag's auf Moos und Kraut. Ich kannte
Nicht Weg und Steg und ließ dem Fuß den Willen,
Der ziellos ging, indes die Augen schweifen.
Hier stand ich still und sah, erschreckt vom schrillen
Raubvogelruf, den Weih die Wipfel streifen.
Dort lockte mich die schwarze Brombeerfrucht,
Ein Schneckenpaar, das einen Pilz bestieg,
Und eines späten Falters scheue Flucht.
Und um mich war das Schweigen, das nicht schwieg,
Das Laute spann, spinnwebenfeine Laute,
Womit es sich dem alten Wald vertraute.

Und als ich stand und so der Stille lauschte,
Ganz hingegeben ihrem Raunen, lenkte
Ein Buntspecht, der durchs niedere Laubdach rauschte,
Meine Auge nach sich, und nun es sich senkte,
Sah ich zwei Herzen in des Bäumchens Rinde,
Verschränkte Herzen, heut erst eingeschnitten;
Es tropfte noch das Blut der jungen Linde,
Die fremder Liebe willen Schmerz gelitten.
Und als ich weiter schritt, gab mir zur Seite

Ein junges Angesicht traumhaft Geleite.

Und Zwiesprach hielt ich mit dem Weggesellen
Von kranken Nächten und vergrämten Tagen,
Und ließ das rote Blut der Liebe quellen
Und alle Wunden meines Herzens klagen.
Und Tempelstille heiligte den Wald,
Nur meiner Seele große Qual ward laut.
Der holde Schatten ward zur Lichtgestalt,
Und ihr zu Füßen sank ich in das Kraut
Und flüsterte: „Geliebte". Stammelte:
„Geliebte. Liebstes. Seele. Hör mich an.
Ich kann nicht mehr. Die Wege, die ich geh,
Sind so voll Dornen. Sieh mein Blut; es kann
Nicht still werden." —

      — So lag ich, lag
Am Wege so; und um mich starb der Tag.
Da stand ich auf und war allein und ging
Auf schmalem Pfad, der durchs Gestrüpp sich wand,
Dem Ausgang zu. Dort überm Felde hing
Der stille Mond und kleidete den Rand
Des Waldes weit in Frieden und in Licht,
Mir aber kam die selge Ruhe nicht.

Am Waldrand stand, flimmernd im Mondenschein,
Ein Eichbaum. Von der rissigen Rinde hub
Ein eingekerbtes Kreuz sich ab. Allein
Die Klinge, die dem Stamm die Wunde grub,
War abgebrochen, und das rostige Stück
Stak unterm Kreuz noch in dem alten Baum.
Was redete das Kreuz? Von totem Glück?
Von totem Leid? Von einem toten Traum?

Ein leiser Wind kam übers reife Korn,
Die Büsche rauschten, und in Schatten sank

So Kreuz wie Klinge. Nur ein dürrer Dorn
Am Fuß des alten Baums stand nackt und blank
Im Licht des Mondes. Und es war einmal,
Dass er im Grün die roten Blüten trug,
Flammend, ein selig Frühlingsfeuer. — Qual
Lag in dem Seufzer, den der Wind verschlug,
Und ich ging heim und dachte in der Nacht
Dem Leben nach, das alles sterben macht.

In tiefer Scham

Ich weinte auf mein Brot und würgte dran
Und konnt's nicht würgen und stand auf vom Mahl
Und ging hinaus ins kalte, kahle Feld
Und bot dem Märzwind meine heiße Qual.

An einem Dornbusch hing ein Fetzen Tuch.
Wer warf es weg, wen wärmte es zuletzt?
Vielleicht wie er bin ich ein Bettler nun,
Und was so warm mich hielt, ist ganz zerfetzt.

Wenn du dein Herz in deine Hände nimmst
Und giebst es hin, da, nimm's, und ohn Entgelt,
Man nimmt es, dankt und wirft dir's plötzlich hin:
Ich mag's nicht mehr! dann stirbt dir eine Welt.

Dann stehst du da, entblößt und bettelarm
Und weißt nicht hin vor Scham, vor nackter Scham.

Aus tiefer Qual

Kind, sieh nicht deinen Vater an,
Er hat sich gar so sehr geschämt,
Sich eine lange, bange Nacht
Um diese seine Scham gegrämt.

Und geh zu deiner Mutter, Kind,
Und spiel mit ihr im Sonnenschein
Und sprich ihr auch vom Vater nicht,
Scham will allein im Dunkeln sein.

Geh, Kind, vor deinem großen Blick
Erschrickt mein Herz und fasst sich nicht
Und weint. Und war noch gestern, Kind,
So rein wie deiner Augen Licht.

Im Entschlummern

Leise Füße gehn im Gras,
Eine Stimme flüstert was.
Ich hör es deutlich vom Garten her;
Ein Halbschlaf drückt die Lieder schwer.

Es spielt in meinen Traum hinein:
Die Füße müssen meine sein,
Sie wandeln her, sie wandeln hin,
Vergangenes geht mir durch den Sinn:

Viel süßer Duft und Sonnenlicht,
Und eine Hand, die Rosen bricht.
Vor ihrem Bilde glühten sie,
Vor ihrem Bild verblühten sie.

Der Schlaf drückt mir die Augen schwer.
Ich höre die leise Stimme nicht mehr.

— Vor ihrem Bilde glühten sie,
— Vor ihrem Bild verblühten sie.

Bitte

Holder Frühling hauch mich an,
Dass ich neu erstehe,
Was ein Herz ertragen kann,
Ich ertrug's an Wehe.

Einst so blühend, diese Brust,
Soll sie ganz erkalten?
Ach, ich bin mir kaum bewusst,
Lass den Tag so walten.

Wem ein schönes Glück verging,
Drauf er treulich baute,
Wer sich an ein Hoffen hing,
Das wie Märzschnee taute,

Lieblos scheint ihm wohl die Welt
Und so kalt zum Sterben;
All was er in Händen hält,
Sind nur tote Scherben.

Holder Frühling hauch mich an
In den neuen Tagen;
Was ein Herz ertragen kann,
Ach, ich hab's ertragen.

Tausend Knospen schwellen dir,
Duft weht auf und Lieder.
Eine Blüte schenk auch mir,
Eine einzige wieder!

Erinnerung

In meinen Versen weint und lacht,
Was mir mein Leben reich gemacht.
Wie mir das stille Tröstung giebt:
Ich habe dich so sehr geliebt.

Auch du blickst wohl darauf zurück;
Und war's dir auch kein großes Glück,
War's doch vielleicht, mag's wenig sein,
Ein Wegestreckchen Sonnenschein.

Besitz

Die Sonne überstrahlt dein Bild,
Mein Herz wird warm und freut sich.
Dein liebes Bild.
Alles Licht ferner Tage erneut sich.

So recht in tiefstem dankbar sein,
Dass ich dir durfte begegnen,
Diese Frucht blieb mein.
Kann Liebe ein Leben reicher segnen?

Ich durfte dich nicht besitzen, es war
Viel Schmerz meiner Liebe beschieden.
Es war.
Nun ist alles Freude und Frieden.

Ausklang

Immer bleibst du lieblich mir,
Immer hold im Herzen,
Immer brennen heilig hier
Dir geweihte Kerzen.

Breiten um dein Angesicht
Einen frommen Schimmer,
Und so bist du, reinstes Licht,
Eigen mir für immer.

Zu Hause

Ich war, in tiefer Bitternis verwirrt,
In Not und Nacht vom Wege abgeirrt.

Ich blickte auf nach einem Trost und Schein,
Und alle meine Sterne schliefen ein.

Nur fernher klang ein leiser weher Laut,
Dem hab ich meine Schritte anvertraut.

Ich war gerettet. Schmerz fand sich zu Schmerz.
Und weinend fiel ich wieder an dein Herz.

Heimkehr

Du weißt, ich hab dich lieb gehabt,
Und immer gleich, an jedem Tag,
Ob ich ein wenig Glück uns fing,
Ob still in Sorgen abseits ging.

Da kam ein Frühlingssonnenschein
Und kam ein junger Rosentag,
Ich stand in lauter Rausch und Traum
An eines fremden Gartens Saum.

Aus holder Morgenlieblichkeit
Klang da ein Lied, so süß, so süß,
Dass ich im Lauschen mich verlor
Und hatt für deinen Ruf kein Ohr.

Doch gab des Gartens Thür nicht nach,
Ein zweifach Schlösslein lag davor,
Das hat den Träumer aufgeweckt,
Ihn auf sich selbst zurückgeschreckt.

Er riss sich los und kehrt nun heim
Und drängt sein Herz an deines hin.
Trotz Rausch und Traum, du fühlst, es blieb
Das alte Herz und hat dich lieb.

Vor Schlafengehen

Die Kinder schlummern in den Kissen,
Weich, weichen Atems, nebenan,
Ein Traum vom heutigen Tag, und wissen
Nicht, was mit diesem Tag verrann.

Wir aber fühlen jede Stunde,
Die uns mit leisem Flügel streift,
Und wissen, dass im Dämmergrunde
Der Zeit uns schon die letzte reift.

Wir sitzen enggeschmiegt im Dunkeln.
So träumt sich's gut. Und keines spricht.

Durchs Fenster fällt ein Sternenfunkeln,
Vom Ofen her ein Streifchen Licht.

Einmal, im Schlaf, lacht eins der Kleinen
Ganz leis. Was es wohl haben mag?
Springt es mit seinen kurzen Beinen
Noch einmal fröhlich durch den Tag?

Ein Mäuschen knabbert wo am Schrägen,
Knisternd verkohlt ein letztes Scheit,
Die alte Uhr hebt an zu schlagen —
Da sprichst du leis: Komm, es ist Zeit.

Mondlicht

Das blasse Licht des vollen Mondes geistert
Durchs schlechtverhängte Fenster uns ins Zimmer.
Du schläfst. Die Kinder auch. Mir aber meistert
Der Magier der Nacht den Schlaf wie immer,
Und wachen Ohrs, das alles hört, ausfragt
Und deutet, lieg ich. Unsre Älteste leiht
Verworrnem Traum, der sie durch Schrecken trägt,
Angstvollen Laut, richtet sich auf und schreit
Entsetzt einmal den Namen ihrer Schwester.
Ich ruf sie an: Schlaf! Still! dir träumt! Gleich weicht
Der böse Alp von ihr. — O diese Nester
Von Nachtgespenstern, die der Mond beschleicht
Und aufstört, Nester, eingebaut
In unsrer Seelen abgelegene Ecken
Und Winkel, die uns zu betreten graut.
Wie still, unschuldig, ruht auf unsern Decken
Das Licht des Monds und ist doch voller Tücken.
Es ruht! Nein, wandelt. Dieses breite Band

Milchigen Lichtes seh ich weiterrücken,
Langsam. So tastet leise eine Hand,
Die Arges vorhat und behutsam gleitet,
Nach ihrem Raub. Nun schiebt das kalte Licht
Sich mählich auf dein Bett hinüber, breitet
Sich über deine Kissen. Dein Gesicht,
Fühlt es das Licht? Du rückst, weichst, kriegst
Ganz weg vor diesem Licht. Könnt deinen Traum
Ich jetzt belauschen. Mit der Stirne liegst
Du eingewühlt in deines Kissens Flaum,
Wie weggeduckt vor diesem bösen Licht,
Das jetzt auf deinem schwarzen Scheitel lastet,
Schwer lastet. Du, wie leblos, rührst dich nicht.
So sitzt, vom Blick der Schlange schon betastet,
Der Vogel wie erstarrt, noch eh der Schlund
Des giftigen Wurms ihn wegschluckt. Langsam lässt
Das Licht von dir. Und aus dem dunklen Grund
Des Grauens tauchst du auf. Noch geht gepresst
Dein Atem, stockend. Doch du wendest wieder
Die Stirn nach oben. Dein Gesicht ist blass,
Und einmal zucken deine feinen Lider,
Als würdest du nun wach. Du murmelst was.
Ich ruf. Ein Seufzer nur. „Annie!" Kein Laut.
— Mich fröstelt. Wenn nur erst der Morgen graut.

Musik

Eine Musik lieb ich mehr
Als die schönste der größten Meister.
Täglich klingt sie um mich her,
Klingt täglich lauter und dreister.

Ich liebe sie sehr, und doch, es giebt

Stunden, da muss ich sie schelten,
Dann ist für die, die das Herz so liebt,
Ein Donnerwetter nicht selten.

Da schweigt sie wohl erschrocken still,
Doch dauert die Pause nicht lange,
Und wenn ich der Ruhe mich freuen will,
Ist sie wieder im besten Gange.

Zuletzt geb ich mich doch darein
Und lache: lass klingen, lass klingen!
Und hör durch des Hauses Sonnenschein
Vier Kinderfüße springen.

Es schneit

Der erste Schnee, weich und dicht,
Die ersten wirbelnden Flocken.
Die Kinder drängen ihr Gesicht
Ans Fenster und frohlocken.

Da wird nun das letzte bischen Grün
Leise, leise begraben.
Aber die jungen Wangen glühn,
Sie wollen den Winter haben.

Schlittenfahrt und Schellenklang
Und Schneebälle um die Ohren!
— Kinderglück, wo bist du? Lang,
Lang verschneit und erfroren.

Fallen die Flocken weich und dicht,
Stehen wir wohl erschrocken,
Aber die Kleinen begreifen's nicht,

Glänzen vor Glück und frohlocken.

Die Weihnachtsbäume

Nun kommen die vielen Weihnachtsbäume
Aus dem Wald in die Stadt herein.
Träumen sie ihre Waldesträume
Weiter beim Laternenschein?

Könnten sie sprechen! Die holden Geschichten
Von der Waldfrau, die Märchen webt,
Was wir uns alles erst erdichten,
Sie haben das alles wirklich erlebt.

Da stehn sie nun an den Straßen und schauen
Wunderlich und fremd darein,
Als ob sie der Zukunft nicht recht trauen,
Es muss da was im Werke sein.

Freilich, wenn sie dann in den Stuben
Im Schmuck der hellen Kerzen stehn
Und den kleinen Mädchen und Buben
In die glänzenden Augen sehn,

Dann ist ihnen auf einmal, als hätte
Ihnen das alles schon mal geträumt,
Als sie noch im Wurzelbette
Den stillen Waldweg eingesäumt.

Dann stehen sie da, so still und selig,
Als wäre ihr heimlichstes Wünschen erfüllt,
Als hätte sich ihnen doch allmählich
Ihres Lebens Sinn enthüllt;

Als wären sie für Konfekt und Lichter
Vorherbestimmt, und es müsste so sein.
Und ihre spitzen Nadelgesichter
Blicken ganz verklärt darein.

Meinen Sohn zur Taufe

Als wir deine Schwestern getauft,
Hab ich die herrlichsten Rosen gekauft,
Brauchte sich keine zu verstecken,
War jede ein Schmuck fürs geweihte Becken.

Inzwischen ist mir's bescheiden geglückt,
Dass ein eigen Gärtchen das Haus mir schmückt;
Und an der Seitenwand spinnt sich ein zartes
Rosengerank. Das ist was Apartes.

Eigene Rosen. Wie die doch gleich
Anders leuchten. Mein Sohn, du bist reich.
Kein besseres Omen kann dir blühen
Als dieses helle Rosenglühen.

Das Leben bietet der Blumen nicht viel,
Giebt uns meist nur blattlosen Stiel,
Alles, was wir von außen bekommen,
Ist leicht in die hohle Hand genommen.

Aber was von innen heraus
Wächst und blüht, das machts aus;
Aus Eigenem die Kränze binden,
Die uns die Tage hold umwinden.

Nennst du nichts im Leben dein
Als einen vollen Herzensschrein,

Wirst du nach äußerm Glanz nicht fragen
Und fröhlich eigene Rosen tragen.

Das ist nun kurz mein Taufgebet,
Wie es mir durch die Seele geht,
Während der Priester mit frommen Worten
Dir öffnet der Kirche ehrwürdige Pforten.

Frömmigkeit ist eine edle Frucht,
Wächst draußen und in der Kirche Zucht.
Sei fromm, mein Sohn, in Nehmen und Geben,
Suche Gott und ehre das Leben.

Die Mutter

(Ein Traum)

Es war im Garten. Fröhliche Gesellen
Umgaben mich. Wir tranken. Und in hellen
Plätschernden Bächen sprudelten die Worte
Von jungen Lippen. Aber nah der Pforte,
In einer einsamen, erhöhten Laube,
Saß meine Mutter. Eine reife Traube
Lag vor ihr auf dem Teller, und sie aß
Und hörte nicht auf uns. Wie sie so saß,
Wegbreit nur von uns und doch abgeschieden,
Einsam in ihres Alters blassem Frieden,
Zwang mir's den Blick magisch dahin, doch konnte
Ich nicht vom Platz, den Jugend übersonnte
Und laute Lust umklang. Auf einmal schwand
Das alles, und es langte eine Hand,
Alt, rührend welk und kühl, wie aus der Erde
An meinem Bettrand auf mit Bittgebärde:

Willst du mir deine Hand nicht geben? Ach,
Kaum dass ich gab, und weinend wurd ich wach.

Steernkiker

O du leev Deern,
Wahen mit di?
Du schöttst as'n Steern
An mi vorbi.

Un wünsch ik mi wat
Un steit mi dat fri,
So wünsch ik mi dat:
De Steern de hört mi.

Denn keek ik di an
Bi Dag un bi Nacht,
Un so makst du den Mann
To'n Steernkiker sacht.

Lengen

Ik kann nich slapen,
All lang hev ik wacht,
Dat Finster steit apen,
Wa schön is de Nacht.

Dar blinkt de Man,
Wit achter dat Meer;
Mi kümmt en Thran,
Ik weet wull, waher.

Ik hör in de Böm
Den lisen Wind
Flüstern un dröm
Vun di, min Kind.

Wa is dat nu wull,
Slöppst du week un fast? —
In'n Goren full
En Appel vun'n Ast.

En Steern blink un bev
Un schött achtern Dik. —
Keen hätt di so leev,
Keen so, as ik.

Verbaden Leev

Un hev ik mi vergeten,
Un hev ik mi verschull,
Uns Herrgott möt dat weten,
Min Hart weer gar to vull.

Dree lange, lange Jahren
Leeg dat as glönige Kahl'n,
Ik wull min Leev bewahren,
Un kost dat dusend Qual'n.

Uns Herrgott möt dat weten,
Dat ik dat swigen wull,
Un hev mi doch vergeten,
Min Hart weer gar to vull.

An de Gorenport

Aewer de Wischen weit de Wind
So week as de Atem vun en Kind,
Un kümmt doch vun dat grote Meer,
Vun de wille Nordsee her.

De liggt dar nu wull ganz so still
As'n Kind, dat slapen will,
So lising gluckt an'n Strand de Welln,
As wull en wat in'n Drom vertelln.

Ik dröm hier an de Gorenport
Un bün en Kind up mine Ort,
Un legg ganz sach de Handn tosam,
Un sprek ganz sach 'n leeven Nam.

Go' Nach

Go' Nach, giv mi noch mol de Hand,
De is so warm un week;
Dörch't Finster schient de helle Man
Uns up de witte Deek.

Dit is'n Stunn, bevor de Slap
Uns inlullt sach un söt,
Wo ut'n reine Minschenbost
De schönsten Blomen blöt.

Min Hart is as en Sommerbeet,
Un di, di blöht dit Flach.
Giv mi noch mol din warme Hand,
Un du versteist mi sach.

Lütt Ursel

Lütt Ursel,
Lütt Snursel,
Wat snökerst du 'rum?
Di steit din lütt Näs wull
Na Appel un Plumm'.

Lütt Ursel,
Lütt Snursel,
Din Näs is man'n Spann,
Doch is dat'n Näs all
För Pött un för Pann.

Lütt Ursel,
Lütt Snursel,
Dar hest'n Rosin,
Dar sünd dre lütt Steen in,
Un all' dre sünd din.

De Snurkers

De Klock sleit acht,
Nu Kinners, go' Nacht.
Man gau un man fixen
Herut ut de Büxen,
Man flink ut de Schoh
Un rinne in't Stroh.

De Klock sleit negen,
De Oellsten, de sägen,
De Lütt, mit sin Snuten,
Kann ok all wat tuten.
Dat is'n Konzert,

26

Is wirkli wat wert.

De Klock sleit tein,
Nu, Olsch, ward dat fein,
Nu legg di man slapen,
Du hast dat schön drapen,
Nu klingt dat erst recht,
Ik snurk as'n Knecht.

De lütt' Boom

Ik bin de lütt' Boom
De an de Landstrat steit,
Plückt allens an mi' rüm,
Wat weglangs geit.

Een plückt sik'n Blatt,
De anner en Blöt,
De smitt se denn wag,
Und de pedd denn de Föt.

Doch hett in min' Aest
Sik'n Vagel inwahnt,
Un küßt mi de Sünn,
Un strakt mi de Mand.

Denn hev ik min Freud
Und tröst mi ok meist:
Wat helpt't, lütt' Boom,
Du steist, wo du steist.

De Stormfloth

Wat brüllt de Storm?
  De Minsch is'n Worm!
Wat brüllt de See?
  'n Dreck is he!

De Wind, de weiht, up springt de Floth
Un sett up den Strand ern natten Fot,
Reckt sik höger und leggt up't Land,
Patsch, ere grote, natte Hand.

De lütte Dik, dat lütte Dorp,
De Floth is daraewer mit eenen Worp.
Dar is keen Hus, dat nich wankt und bevt,
Dar wähnt keen Minsch, de morgen noch levt.

Wat brüllt de Storm?
  De Minsch is'n Worm!
Wat brüllt de See?
  'n Dreck is he!

Ritornelle

Weiße Syringen.
Ein schlankes Mädchen weint im Frühlingsgarten,
Ich kann das Bild nicht aus der Seele bringen.

Gelbe Narzissen.
Ein Feuerfalter ward vom jähen Winde
Gleich einem Funken eurem Schoß entrissen.

Rote Rosen.
Das Dämchen nahm euch kühlen Danks entgegen;
Ihr sterbt nun gleich Verirrten, Heimatlosen.

28

Dunkle Cypressen.
Ein schwarzer Schatten fällt auf meine Straße:
Ich kann die goldnen Tage nicht vergessen.

Apfelblüte.
Ist es das Vorgefühl der künftigen Frucht schon,
Das wie mit holder Scham dich überglühte?

Lorbeerbäume.
So ernst, so schweigend, wie im tiefsten Sinnen —
Die schönsten Kränze schenken uns die Träume.

Goldregen.
Je mehr du protzst und prahlst mit deinem Glänze,
Je schwüler duftet mir dein Gift entgegen.

Immortellen.
Unsterblich sein, das heißt doch nur, ihr Zähen,
Langsamen Todes sterben, statt des schnellen.

Weinrebe.
Schlank, zartster Anmut, doch voll süßen Feuers,
Und schmiegsam. Ganz so will ich jede Hebe.

Blutrote Georginen.
Der Bauerndirne, dem verschämten Schelme,
Müsst, völlig täuschend, als Versteck ihr dienen.

Weiße Winden.
Um toten Dornbusch? Ach, ihr Schwachen müsst ja,
So will's Natur, an irgend was euch binden.

Stachelbeere.
Reif lieb ich dich nicht mehr, doch hart und herbe
Weckst du den Wunsch: wenn ich ein Kind noch wäre!

Frühlingstrunken

Heute hat es zum erstenmal
Über die jungen Knospen gewittert,
Heut hat im Garten zum erstenmal
Um die Erdbeerblüten ein Falter gezittert.

Ich laufe die Steige auf und ab,
Wie von jungem Weine trunken.
Über mir, blankflügelig,
Schießen die Schwalben wie Sonnenfunken.

Es ist eine Freude in mir erwacht,
So muss es im Mark des Bäumchens glühen,
Das dort, wie selig, im Winde sich wiegt
Und will bald blühen, bald blühen!

Ein silbernes Märchen

Wie Spinneweben fein
Hängt in den Bäumen der Mondenschein,
Ist alles wie Silber: Baum, Beet und Steig,
Und wie glitzernde Glöckchen die Blüten am Zweig.

Klingt auch ein silbernes Stimmchen darein,
Stimmt lieblich zu all dem silbernen Schein.
Zücküt. — Wie sich der Flieder wiegt,
Frau Nachtigall fliegt
In den Mond hinein.

Pfingstlied

Pfingsten ist heut, und die Sonne scheint,
Und die Kirschen blühn, und die Seele meint,
Sie könne durch allen Rausch und Duft
Aufsteigen in die goldene Luft.

Jedes Herz in Freude steht,
Von neuem Geist frisch angeweht,
Und hoffnungsvoll aus Thür und Thor
Steckt's einen grünen Zweig hervor.

Es ist im Fernen und im Nah'n
So ein himmlisches Weltbejah'n
In all dem Lieder- und Glockenklang,
Und die Kinder singen den Weg entlang.

Wissen die Kindlein auch zumeist
Noch nicht viel vom heiligen Geist,
Die Hauptsach spüren sie fein und rein:
Heut müssen wir fröhlichen Herzens sein.

Wunsch

Die alte Sehnsucht: auf den Gassen liegt
Die Sonne eines ersten warmen Tags.
Fern, fern ein Weg durch Wiese und durch Feld
Und unterm Schatten jungen Buchenschlags.

Der strebt nach einer tiefen Einsamkeit,
Ein braunes Dach lugt zwischen Zweigen aus:
Kommst du? Und wie die kleine Pforte klingt,
Grüßt mich mein Glück. Hier bin ich ganz zu Haus.

Seele

Dämmerung löscht die letzten Lichter,
Noch ein irrer Schall und Schein,
Und die Nacht hüllt dicht und dichter
Alles Leben ein.

Und die Erde will nun schlafen;
Aber ruhelos bist du,
Steuerst aus dem stillen Hafen
Deinen Sternen zu.

Irrende Seele

Meine arme, irrende Seele,
Wirst du nach Hause finden?
Welche Wege musst du noch gehen,
Bis du ein Licht und Ziel wirst sehen.

Lange bist du durch Unland gegangen,
Und wolltest, wie oft, verzagen,
Bist zitternd in die Knie gesunken
Und hast aus bittern Quellen getrunken.

Meine arme, irrende Seele,
Noch immer hält dich ein letztes Hoffen:
Es muss aus allen Dunkelheiten
Doch ein Weg nach Hause leiten.

Rosentod

Was lässt mich zaudern, mir vom Rosenstrauch
Des holden Kelches satte Lust zu brechen?
Wirft doch vielleicht der nächste Morgenhauch
Sie schon entblättert vor des Gärtners Rechen.

Die Schwestern leuchten rings in junger Glut,
Der grüne Busch in seiner Mutterfreude —
Mir ist's, als ob ich heiliges Lebensblut
Um eine eitle Augenlust vergeude.

Im engen Glas ein kurzes Treibhausglück,
Ein Leben siecht in einem toten Scherben
Und sehnt sich aus der Kerkerhaft zurück,
In Freiheit an der Mutter Brust zu sterben.

Sahst du ein armes Herz zum letztenmal
In einem hellen Hoffnungsfrühling blühen
Und dann nach herber Täuschung kurzer Qual
Nur um so schneller in sich selbst verglühen?

So scheint noch einmal duft- und farbenfrisch
Die Rose sich im Glase zu erneuen,
Um plötzlich über deinen stillen Tisch
Und dein Gedicht den blassen Tod zu streuen.

Auf meinen ausgestopften Falken

Nicht mehr über Wipfel gleitest du,
Über meinen Schreibtisch breitest du,
Ausgestopfter Balg, nun deine Schwingen,
Äugst auf mich herab und auf mein Singen.

Gleichen Namens, wunderliche Vettern,
Umgetrieben beid in manchen Wettern,

Du nun ruhend, ich noch in den Lüften
Fröhlich flügelnd über Tod und Grüften.

Von der Lampe stillem Licht umflutet,
Wie dein Auge mir lebendig glutet!
Und mir ist, ich seh in deine Schwingen
Wieder warmes, rasches Leben dringen.

Blendwerk! Phantasie! Gespenstisch Leben!
Wirst dich nie mehr in die Lüfte heben.
Aber mich, nach meinen Erdentagen,
Welche Flügel werden mich noch tragen?

Morgen zwischen Hecken

Weit hinten liegt die große Stadt,
Die graue Stadt in Dunst und Rauch.
Hier spielt im Licht das grüne Blatt
Und schaukelt sich im Morgenhauch.

Hier ist das Leben hold verstummt,
Träumt lieblich in sich selbst hinein;
Nur eine frühe Biene summt
Näschig um süße Becherlein.

Und manchmal ein verwehter Laut,
Wie fernen Meeres Wogenschlag.
Was dort um Mauern braust und braut,
Herr, fuhr's zu einem klaren Tag!

Und gar nicht lange

Es steht ein Bäumchen kahl im Feld
Und friert in allen Winden.
Und will sich aus der weiten Welt
Kein Vogel zu ihm finden.

Und gar nicht lange, über Nacht,
Und tausend Blüten blinken,
Und seine Krone überdacht
Ein Nest verliebter Finken.

Die bunten Kühe

Drei bunte Kühe in guter Ruh
Und des Nachbarn Hanne dazu
Traf ich heute in der Früh,
Junghanne und ihre bunten Kuh.

Das gab einen guten, glücklichen Tag,
Die Sonne auf allen Wiesen lag,
Die ganze Welt war so bunt und blank.
Der Hanne und ihren Kühen Dank!

Was glaubt ihr, trifft man in der Früh,
Statt der drei bunten drei schwarze Küh
Und statt der Hanne die alte Gret?
Der ganze Tag ist verwünscht und verweht.

Auf der Bleiche

Bringst du Leinen auf die Bleiche?
Kommt dir nicht der Wind darüber?

Über Dämme, über Deiche
Wirbelt er vom Meer herüber.

Willst mit Klammern, willst mit Steinen
Dir den weißen Schatz erhalten?
Einmal wird mit deinem Leinen
Doch ein fremder Wille schalten.

Kommt's in deiner Töchter Kästen,
Kommt's in deiner Enkel Hände,
Ist der Faden auch vom Besten,
Das Gewebe nimmt ein Ende.

Hier ein Flicken, dort ein Flicken.
Soll man's kunterbunt besetzen?
Weg damit! so will sich's schicken.
Und der Wind spielt mit den Fetzen.

Wäsche im Wind

Tollt der Wind über Feld und Wiese,
Hat seinen Spaß er überall,
Aber am liebsten neckt er die Liese
Mit einem tückischen Überfall.

Will sie ihr Zeug auf die Leine bringen,
Zerrt er: Liese, dies Hemd ist mein!
Um jedes Laken muss Liese ringen,
Jedes Stück will erobert sein.

Giebt es der Sausewind endlich verloren,
Schlägt er noch im Übermut
Ihr das nasse Zeug um die Ohren:
Da, liebe Liese, häng's auf und sei gut.

Winterwald

Wo ist der lustige Waldvogelsang
Und das spielende Laub? Verweht,
Was ist das für ein fremder Klang,
Der im Wald umgeht?

Das ist die Axt, die frisst am Holz
Seit Wochen sich satt, o weh!
Da liegt nun mancher grüne Stolz,
Ein toter Held, im Schnee.

Was in Lüften gelebt und mit Wetter und Wind
Manch trotzigen Strauß bestand,
Jetzt biegt es und knickt es ein hungernd Kind
Und bindet's mit frierender Hand.

Auf ärmlichem Herd ein Funkentanz
Und ein Knistern. Verglüht, versprüht!
Und war einmal ein grüner Kranz
Und ein Glück. Wo blieb es? Verblüht.

Winter

Ein weißes Feld, ein stilles Feld.
Aus veilchenblauer Wolkenwand
Hob hinten, fern am Horizont,
Sich sacht des Mondes roter Rand.

Und hob sich ganz heraus und stand
Bald eine runde Scheibe da,
In düstrer Glut. Und durch das Feld
Klang einer Krähe heisres Kräh.

Gespenstisch durch die Winternacht
Der große dunkle Vogel glitt,
Und unten huschte durch den Schnee
Sein schwarzer Schatten lautlos mit.

Die Netzflickerinnen

Schweigend an den Dünen hin
Sitzen die Fischerfrauen und flicken
Die schweren Netze. Guten Fang
Mag der Himmel den Männern schicken.

Guten Fang und gute See.
Manches Netz ist schon draußen geblieben,
Und manches Boot ohne Fischer und Fisch
Irgendwo an den Strand getrieben.

Die See macht still, und karg ist das Wort
Der Frauen, die dort im Sande sitzen,
Kurz wie der Schrei der Möwen, die
Ruhelos über die Dünen flitzen.

Das Mädchen mit den Rosen

Zwei Rosen, die an einem Strauch
Zusammen aufgeblüht,
Von einem knospenhaften Hauch
Noch lieblich überglüht,

Ein Mädchen brach wohl über Tag
Das schwesterliche Paar:

Der Mutter, die im Sterben lag,
Bracht sie die eine dar,

Die andre aber legte dann
Mit ihrem ersten Schmerz
Sie weinend dem geliebten Mann,
Trostheischend, an das Herz,

Und glühte selig auf und stund,
Noch halb den Tod im Sinn,
Und bot den jungen Rosenmund
Dem warmen Leben hin.

Das Nixchen

Ein Nixchen ist ans Land geschwommen,
Steht unter einem Blütenbaum,
Die warmen Sommerwinde kommen
Und trocknen ihr den feuchten Saum.

Mit großen Augen sieht die Kleine
Stumm in die heiße Flimmerglut;
Wie wird in all dem Sonnenscheine
Dem Nixchen wunderlich zu Mut.

In ihre kühle Mädchenkammer
Fällt nur ein ganz gedämpftes Licht,
Als wie durch einen langen Jammer
Ein schwacher Strahl der Hoffnung bricht.

Hier aber ist ein Gleiß und Glimmer,
Ihr thun davon die Augen weh;
Doch reglos steht sie, staunt nur immer,
Die kleine blonde Wellenfee.

Auf einmal fängt sie an zu weinen,
Weiß nicht warum, weint leis sich aus,
Und schlüpft dann auf behenden Beinen
Zurück ins kühle Wasserhaus.

Feierabend

Über reifen Ähren liegt
Stiller, goldner Abendschein.
Eine junge Mutter wiegt
Sacht ihr Kind und singt es ein.

Letzter heller Sensenklang
Zittert übers Feld hinaus,
Und der Schnitter ruht am Hang
Feiernd bei den Seinen aus.

Sein gebräuntes Angesicht
Leuchtet über seinem Sohn,
Doch er stört den Schläfer nicht,
Und die Hütte wartet schon.

Leichter Herdrauch steigt und weht
Über Wipfel her. Nicht fern
Winkt das Dach. Und drüber steht
Friedefromm der Abendstern.

Das Mädel

Ein Mädel sah ich gehen,
Ich stand am Gartenthor,

Mich konnte das Mädel nicht sehen,
Goldregen hing davor.

Ganz nah ging es vorüber,
Hätt's mit der Hand erreicht,
Und neigte ich mich hinüber,
Die Lippen erhaschte ich leicht.

Aber das Mädel schaute
So kindlich in die Welt,
Dass ich mir's nicht getraute.
Dich küsst nur die Mutter, gelt?

Nur ein Zweiglein brach ich
Und warf's ihm auf den Hut,
Grad auf den Hut. Es stach mich
Schelmenübermut.

Ei, das erschrockene Frätzchen!
Und wie die Augen sahn!
Geh weiter, Mutterschätzchen,
Es hat's der Wind gethan.

Im Schnellzug

Der Schnellzug stürmt durchs Sommerland,
Und draußen in den Winden,
Da weht und winkt viel buntes Band,
Zu binden mich, zu binden!

Die Hütte dort in Heckenruh,
Die Sonne in den Scheiben,
Die Friedefülle ruft mir zu,
Zu bleiben doch, zu bleiben!

Und jetzt die Heide, blütenblau,
Durchkarrter Weg ins Weite;
Grad stapft die alte Botenfrau
Im Torfmull. Nimm's Geleite!

Und jetzt das Feld, goldgelber Flachs,
Und fern ein Blitz von Sensen;
Und dort der Knirps sonnt wie ein Dachs
Sich faul bei seinen Gänsen.

O Junge, hast du's gut! Ich wollt',
Ich läg dort auf dem Bauche,
Indes der Zug vorüberrollt,
Und gaffte nach dem Rauche.

Reigen

Sind es bunte Schmetterlinge,
Die um Blumenbeete weben?
Sind es rosige Apfelblüten,
Die im leichten Lenzhauch schweben?

Ei, die kleinen Schmetterlinge,
Wie sie so gesittet kreisen,
Ei, die kleinen Apfelblüten,
Wie sie sich als Tänzer weisen.

Schmetterlinge? Apfelblüten?
Jedes hat zwei Kinderfüße,
Kinder sind's, ein Kinderreigen,
Und getanzte Frühlingsgrüße.

Jeder Schritt ein schämig Fragen,
Jedes zierliche Verneigen

Ein Bejahen; frühlingshafter
Kann sich nicht der Frühling zeigen.

Ja, das schönste Frühlingsliedchen,
Ritornell, Sonette, Stanzen,
Ach, kein Dichter kann's so singen,
Wie es Kinderfüße tanzen.

Der Backfisch

Tanzen! Tanzen!
Hab Herz und Kopf von vielem voll,
Ach, das Leben ist sonnig!
Aber wenn ich tanzen soll,
Tanzen soll,
Wonnig ist's, wonnig!

Der Herr Lehrer am Klavier,
Reizend ist er mitunter.
Vierhändig spielten heute wir,
Ging alles drüber und drunter.
Sah er mich von oben an,
Komisch an, der kluge Mann:
Sie wollen wohl wieder tanzen?

Malen, ach, es ist himmlisch süß!
Besonders im Freien skizzieren.
Holt man sich manchmal auch nasse Fuß,
Was wird's die Kunst genieren?
Öl, Aquarell,
Kohle, Pastell,
Ach, es geht nichts darüber,
Nur tanzen ist mir lieber,

43

So ein Walzer von Strauß
Sticht alles aus.

Radeln? All Heil!
Auf dem Zweirad leist ich mein Teil.
Frisch wie der Wind
In die Wett mit dem Wind.
Aber alle Räder der Erde sind
Nichts gegen meine zwei Sohlen,
Kommt einer zum Tanz mich holen;
Wer es auch sei, ich sag nicht nein,
Muss nur grad kein Ekel sein.
Tanzen, ach tanzen! La la la la la la....
Wäre nur erst das Ballfest da!

Der seltene Vogel

Geht ein kleiner Mann spazieren,
Unterm Schirm spazieren.
Kommt ein Sturmwind um die Ecken,
Ei, wie that das Männlein erschrecken.
Könnte sich verlieren.

Macht der Wind kein Federlesen,
Gar kein Federlesen,
Und nun muss das Männlein fliegen,
Hui, wie ist es aufgestiegen,
Wie ein Flügelwesen.

Fliegt das Männlein eine Stunde,
Eine ganze Stunde,
Kräht vor Angst wie eine Krähe,
Liegt der Jäger auf der Spähe,

Jäger mit dem Hunde.

Puff! den Vogel muss er haben,
Muss den Vogel haben.
Und das Männlein, ohne Flügel,
Saust in einen Maulwurfshügel,
Denkt, es wird begraben.

Blafft der Hund und scharrt und schnuppert,
Hat es bald erschnuppert.
Ist kein Tröpfchen Blut geflossen,
Nur sein Höschen ist durchschossen,
Und sein Herzchen bubbert.

Klopft der Jäger ihm die Kleider,
Klopft ihm ab die Kleider.
That es links und rechts umdrehen
Und den Vogel sich besehen,
Ei, da war's ein Schneider!

Idyll

Unter zarten Birkenzweigen,
Erster junger Frühlingsglanz,
Bläst der Schäfer seinen Reigen,
Doch kein Volk tritt an zum Tanz.

Nur die Schafe gehn und grasen,
Weiß und schwarz im Sonnenschein,
Und zwei aufgescheuchte Hasen
Springen quer ins Feld hinein.

Aber um die Frühlingsblüten
Tanzen bunte Falter hin,

Um die Herde mit zu hüten,
Kommt die junge Schäferin.

Lockten sie die süßen Klänge,
Lenkte sie die leichte Pflicht?
Leuchtend wie die Frühlingshänge
Lacht ihr liebliches Gesicht.

Und verstummt ist das Getöne,
Rings ein süßes Schweigen nun:
Küsst der Schäfer seine Schöne,
Müssen Pflicht und Flöte ruhn.

Pusteblumen

Ein Schaf und zwei Lämmlein
Und all drei schneeweiß,
Und grün ist die Wiese,
Und heiß ist's, heiß.

Am Heckchen, am Büschchen,
Kühl schattet's herab,
Sitzt Bübchen und rauft rings
Die Pusteblumen ab.

Die Flöckchen im Winde,
Wie segeln sie fein,
Die Lämmerchen hüpfen
Auf alle vier Bein.

Das Bübchen wird müde,
Ihm träumt eins geschwind:
Viel Lämmerchen tanzen
Wie Flöckchen im Wind.

Er pustet dazwischen,
Die Backen gebläht,
Hei, geht's umeinander,
Und jed Lämmchen mäh — h — t.

Konsequenz

In meinem Gärtchen, zwei Fuß vom Weg,
Hinter dem niedern Gittergeheg,
Blüht mir ein blauer Syringenstrauch,
Meine Freude, und meiner Kinder auch.
Aber die Buben von den Gassen,
Die Racker, können das Räubern nicht lassen.

Wenn sie früh in die Schule gehn,
Ein Kleinster bleibt begehrlich stehn,
Ein zweiter stellt sich daneben auf
Und schielt mit ihm zum Bäumchen hinauf,
Möchten gerne von den Syringen
Ein Zweiglein mit in die Klasse bringen.

Kommt ein dritter, hops, wie er hupft,
Hat sich ein paar Blätter gerupft,
Aber der Grünkram genügt ihm nicht,
Er ist mal auf Syringen erpicht.
Noch einmal, hops! — Euch will ich kriegen.
Ich klopf ans Fenster. Hei, wie sie fliegen.

So ein Bubenvolk ist schlimm,
Gefällt ihm was, gleich denkt es: nimm!
Aber dass auch die Mädel — ich bitt,
Kommen da welche gleich zu dritt,
Recken die Hälschen, drehen die Köpfchen

47

Ängstlich und schlenkern mit den Zöpfchen.

Hebt sich die längste auf den Zeh'n,
Einmal, zweimal, es will nicht gehn.
Gehuschel, Getuschel. Mädel sind klug;
Hat sie, bevor ich ans Fenster schlug,
Das kleinste schnell auf den Arm genommen
Und die allerschönsten Syringen bekommen.

Ich drohe ihr, sie lacht mich an,
Wie nur ein Mädel lachen kann,
Spitzbübisch, schelmisch und doch ganz lieb.
Es ist ein allerliebster Dieb,
Und da — ich will recht finster blicken
Und kann nur lachen und freundlich nicken.

In Zukunft sind die Syringen frei,
Ob Mädel, ob Buben, ist einerlei.
Was ihr im Sprung erhäschen könnt,
Ihr Diebsgelichter, sei euch gegönnt.
Nur braucht ihr das selber nicht grade zu wissen,
Mein Bäumchen würde mir arg zerrissen.

Die Räuber

Ich war, ein Knabe, in den Wald gegangen
Mit meinen Brüdern. Wie die wilden Rangen
Den Ferienmorgen durch die Büsche trieben,
Dass er entfloh, als hätt er Hasenläufe.
Und selber jagten sie sich umeinander,
Hierhin, dorthin, wie steuerlose Brander.
Und wirklich war bald nichts vom Wald geblieben,
Als funkenüberstreute Aschenhäufe.

Ein rechter Räuber, seines Werts durchdrungen,
Und sei er auch der Schule just entsprungen,
Kann nicht der Bürger glatte Wege wandeln,
Wo Förster und Magister ihm begegnen.
Er braucht das Dickicht, wo kein Hund ihn wittert,
Braucht finstre Höhlen, buschwerkübergittert,
Wo kein Gesetz ihm lahmt das kühne Handeln
Und keine Prügel in sein Handwerk regnen,

O Freiheit, deine roten Flammen schlugen
So stürmisch nie, und keine Hände trugen
So hochgemut die lodernden Fanale,
Wir waren Räuber und dazu Indianer,
Zum „Großen Adler" wurde Hänschen Meier,
Und Müllers Fritzchen zum „Gefleckten Geier",
Die Friedenspfeife ging zum dritten Male
Von Hand zu Hand, und blass saß der Quartaner.

Und schweigend qualmten um die dürren Reiser
Die tapfern Krieger, jeder Held ein Weiser
Im großen Rat: Und durch die Buchenrunde
Zog sacht der Rauch des Feuers und der Pfeifen.
Dann ging die Flasche mit dem Himbeersafte,
Die der verwegene Häuptling sich verschaffte,
„Der große Büffel", still von Mund zu Munde.
Ein Pfiff! Und nach dem Kriegsbeil galt's zu greifen.

Ihr Knabenspiele unter Sommerbuchen,
Wo soll ich köstlichere Freuden suchen,
Als die aus eurem tollen Treiben sprossen,
Wie helle Rosen aus den wilden Ranken.
Doch Dornen hatten, weh! auch diese Rosen,
Und sie zerrissen nicht allein die Hosen,
Auch rotes Blut ist jämmerlich geflossen,
Und dann, zu Haus, der Räubermutter Zanken.

Und einmal mussten wir die Häuptlingsrücken,
O Schmach für Helden, untern Stecken bücken.
Den großen Büffel nahm man fest beim Horne,
Der große Adler musste Federn lassen,
Denn aus der Asche unsrer Höhlenscheite
Erstand ein Kläger, der in alle Weite
Die Klage rief. Die ward zum Todesdorne
Für unsern Mut und ließ uns feig erblassen.

Der Wald in Flammen! Weh, die Schreckenskunde!
Wir zitterten. Nun ist die letzte Stunde
Für euch gekommen, und die Messer blitzen,
Kreisrund den Skalp von eurem Haupt zu trennen.
Der Wald in Flammen! Förster, Polizisten,
Kerker, Schafott, ringsum die Stadtgardisten —
Doch nein, man wird euch schon die Haut nicht ritzen.
Mut, großer Büffel! Nur die Weiber flennen.

Die Zähne fest! Und Hiebe gab es, Hiebe!
Und ist die Züchtigung ein Werk der Liebe,
Kein Vater liebte heißer seine Knaben
Und mehr als sie verdienten, wie ich meine:
Zwei junge Buchen waren drauf gegangen,
Und unsres Wigwams rauchgeschwärzte Stangen
Schrien unsre Schandtat in das Ohr des Raben,
Der Krumen las an unserm Opfersteine.

Denkmalkantate

Bimmbamm, Bimmbumm,
Bitte, bitte, bettel, bettel,
Klingelbeutel geht herum,
Blankes Silber, blaue Zettel,

Nickel ist und Gold willkommen,
Alles wird mit Dank genommen,
Bitte, bitte!

Bimmbamm, bimmbumm,
Große Leute soll man ehren,
Klingelbeutel geht herum,
Bitte, alle Taschen leeren,
Bitte, bitte, bettel, bettel,
Blankes Silber, blaue Zettel,
Bettel, bettel!

Bimmbamm, bimmbumm,
Den wir feierlichst begraben,
Klingelbeutel geht herum,
Dass er kann ein Denkmal haben.
Nickel ist und Gold willkommen,
Alles wird mit Dank genommen,
Bitte, bitte!

Bimmbamm, bimmbumm,
So ein Denkmal ist nicht billig,
Klingelbeutel geht herum,
Jeder sei nach Kräften willig,
Bitte, bitte, bettel, bettel,
Blankes Silber, blaue Zettel,
Bettel, bettel!

Bimmbamm, bimmbumm,
Unsre Enkel soll es lehren,
Klingelbeutel geht herum,
Wie man das Genie muss ehren.
Was es selber nie bekommen,
Alles wird mit Dank genommen,
Bitte, bitte!

Bimmbamm, bimmbumm,
Festkonzert und Denkmalfeier,
Klingelbeutel geht herum,
Fünfzig Mark giebt Minchen Meier,
Bitte, bitte, bettel, bettel,
Blankes Silber, blaue Zettel,
Bettel, bettel!

Bescheidener Wunsch.

Wenn ihr uns nur wolltet lesen!
Was haben wir von dem Denkmalwesen?
Ach, wonach wir gedarbt im Leben,
Jetzt könnt ihr es so leicht uns geben:
Ein wenig Liebe. Der Tod macht uns billig.
Kauft uns. Aufs Denkmal verzichten wir willig.
Mehr freut uns, wenn ihr ein Lied von uns kennt,
Als wenn unser Bild in der Sonne brennt.
Eure Liebe sei unser Postament.

Zweimal zwei ist vier

Mit großen Gebärden und großen Worten
Treibens viele Leute allerorten.
Haben eine absonderliche Manier,
Zu sagen: zweimal zwei ist vier.
Orakeln im mystischen Tempelbass:
Liebe Brüder, wenn's regnet, wird's nass!
Je weniger sie zu sagen haben,
Je toller gebärden sich die Knaben.

Doch wie sie sich geben und wie sie beharren,
Man merkt gleich, es sind Narren.
Sind auch etliche „Dichter" darunter,
Die treiben's erst munter!

Prolog zur Nietzsche-Gedenkfeier

der Literarischen Gesellschaft in Hamburg

Er fuhr vorüber, hellen Angesichtes,
Der Tod, als ging's zu einer Hochzeitsfeier.
Wohin? Wem neidest du das Glück des Lichtes,
Du mit der Hast des beutefrohen Geiers?

Ein kurzer Blick, er hemmte seinen Flug
Und stand.
          Hast? Immer hab ich Zeit genug.
Ein Stündchen früher oder später zählt
Dem Freier wohl, der sich die Braut erwählt;
Der Schnitter, dem das Korn entgegendampft
In satter Reife, nimmt sich Zeit zum Schärfen,
Und, lässiger noch, der Müller, der's zerstampft,
Er kann's auch morgen auf die Mühle werfen.
Und ich, der Jäger über alles Wild,
Dem kein Gesetz und keine Schonzeit gilt —

Und doch, du fuhrst wie ein verliebter Knabe,
Der nach des Mädchens süßem Munde schmachtet.
Wer ist es? Wem bringst du die Hochzeitsgabe?
Dem Genius, dessen Seele, halb umnachtet,
Den Tag verträumt, der ihm sonst Ernten bot, Nietzsche.
Und diesen Namen nannt der Tod
Mit Ehrfurcht und mit Liebe. Und er wand

Sich ab und schied. Ein Blitz fuhr übers Land.

* * * * *

Die Trauerglocken, die in Weimar klangen,
Klagten: Nietzsche ist heimgegangen.

Ein kühner Flieger, Freund von allen Winden,
Ein freier Vogel über höchste Wipfel,
Ein Segler über Meere, über Gipfel,
Nichts kann ihm seine stolzen Flügel binden.
Da fährt ein Blitz dem Starken ins Gefieder
Und stürzt ihn nieder.

Die Kleinen, die der Großen Flug beneiden,
Die kleine Heckenzunft — das gab ein Schwatzen.
Er war gestraft. Das Recht blieb bei den Spatzen:
Wir sind gesund, wir konnten uns bescheiden,
Wir flogen nur um unsre Futterplätze,
Wir klugen Mätze.

Das schlimme Lied vom Genius und der Menge,
Die Schritt vor Schritt mit tausend Füßen tastet,
Indessen er auf stillen Bergen rastet,
Einsam, hoch über Enge und Gedränge,
Zu Flügen rastet, die auf Sehnsuchtsschwingen
Zur Sonne dringen.

Und nun hinaus, hinauf! Da hemmt kein Zagen.
Der Himmel lockt mit seinen Wunderweiten.
Das ist ein selig, stürmisch Flügelbreiten.
Ihr Winde alle, Freunde, kommt, mich tragen!
Vom Berg zur Wolke. Durch! Und dort, in Fernen,
Lockt Stern zu Sternen.

O Glück! O Lust! o Flug nach goldnen Küsten!
Tief unten rauscht das Meer und türmt die Wogen.
Du ungeberdige Flut, der ich entflogen,
Will es nach Tod und Trümmern dich gelüsten?
Das tiefe Grollen deines Zorns klingt schön
In meinen Höhn.

Du fängst mich nicht! Soll diese Kraft vergehen,
So sei es an der Sonne Feuerherzen.
Das war ein Sterben, wären Götterschmerzen:
Fliegen und schon in Todesflammen stehen.
— Da fährt ein Blitz dem Starken ins Gefieder
Und stürzt ihn nieder.

* * * * *

Die Trauerglocken, die in Weimar klangen,
Klagten: Ein Held ist heimgegangen.

Ein Held und ein Eroberer. Burgen sanken
Auf seinem Weg in Trümmern, Tempel stürzten
Und Opfersteine rings, wo die Gewohnheit
In dumpfer Andacht kniete. Er war hart
Und ging den Weg des Helden mitleidlos,
Zerschlug Altäre, wo auch er geopfert,
Zertrat die Gärten seiner Jugendspiele
Und ging von seinen Freunden, die er liebte,
Treulos, um nur in einem treu zu sein:
Treu seinem Willen, der zur Wahrheit wollte.
Und härter ward sein Schwert mit jedem Schlag.
Wo ist die Härte, die ihm trotzen mag?
Da zuckt ein Blitz. Der harte Stahl zerspellt,
Und schwertlos fällt der todessieche Held.

* * * * *

Weint nicht um ihn. Aus seinen Wunden
Seht ihr die leuchtenden Rosen blühn?
Kränze des jauchzenden Lebens gebunden
Aus dem Frühlingsgeschenk seiner Wunden,
Und ihr ehrt und feiert ihn.

Licht war sein Herz und Licht seine Seele,
Ja! war sein Wort zu Leben und Tod.
Tapfer, den Tag und den Tanz in der Seele,
Galt seine Liebe dem Morgenrot.

Rausch der Kraft und jauchzendes Hoffen
Lieh seinem Lied den Adlerflug,
Der, bevor ihn der Blitz getroffen,

Klingend ans Thor der Zukunft schlug.

Seht, und die goldenen Angeln erklangen,
Und ein Licht und ein Glanz ward frei.
Die zu den Quellen des Lebens drangen,
Zählen den Priestern des Lebens bei.

Weint nicht um ihn. Aus seinen Wunden
Seht die leuchtenden Rosen blühn.
Kränze des jauchzenden Lebens gebunden
Aus dem Frühlingsgeschenk seiner Wunden,
Und ihr ehrt und feiert ihn.

Prolog zur Böcklin-Gedenkfeier

der Gesellschaft hamburgischer Kunstfreunde

(Fräulein Minna Persoon gewidmet.)

Ein Großer starb: *Böcklin*. Vor wenig Tagen
Gab man der Erde ihren Anteil wieder —
Und legte Rosen auf den Hügel nieder
Und dunklen Lorbeer. Leises Flügelschlagen
Der Stunden, die die stille Stätte streifen —
Und jedem Flügelschlag entblättert sacht
Sich eine Rose, die vielleicht am Strauch
Des Lebens letzten roten Gruß gelacht
Dem, dessen Tod auch ihr Tod ward. Ein Hauch
Vergänglichkeit um dieses Grab geweht,
Um das der dauerhafte Lorbeer steht.

* * * * *

Zwei Freunde, die in Feierstunden,

Sich in Florenz zu einander gefunden,
Hatten die halbe Winternacht
Dem toten Meister nachgedacht.
Ein Maler war's und ein Poet,
Fühlten sich eines Geistes durchweht,
Gossen ihren roten Wein
Glutvoll in seinen Ruhm hinein,
Klirrten die leeren Gläser zusammen
Und schössen wie zwei Feuerflammen
Von ihrer Bank empor und gingen
Des Meisters Grab einen Gruß zu bringen,
Wollten unterm Sternenschein
Seinem Genius eine Andacht weihn.

Sprach der Maler: So ist's recht,
Hat sich am Tage so mancher erfrecht
Dem Meister sein Gloria zu schrein,
Stimmte so mit den andern ein,
Aber ist der Lärm verweht,
Er wieder alte Wege geht,
An denen, die noch malen und dichten,
Seine Torturen zu verrichten.
Wer die Marterschrauben überdauert,
Der wird dann rühmlichst eingemauert
In ein Pantheon von großen Leuten,
Die man anfangs wollte häuten.
Nun weiß man aus ihren Kleiderfetzen
Sich selbst noch ein Wams zusammenzusetzen,
Gebärdet sich als Apostel gar
Und ist in den Flicken doch nur ein Narr.

„Nicht schlecht gewettert,“ lacht der Poet,
„Doch wird es, so lange die Welt besteht,
Nicht anders, Freund. Und zuletzt, die Narren
Schmücken des Großen Ruhmeskarren

Als lustige Fratzen wider Willen;
Muss jeder seinen Zweck erfüllen.
Und wären am Ende die Teufel nicht,
Ein Engel hätt kein besonder Gesicht."

„Du siehst wieder alles von oben an,"
Grollt der erregte Pinselmann,
„Aber steht man so mitten darinnen —"
„Freund, man muss auch das Oben gewinnen
Mit Kampf und blutenden Wunden viel.
Wäre das Leben ein Tanz und Spiel,
Wer möchte die Arme zum Himmel erheben,
Dass er ihm einen Tag länger mög geben?
Aber trotz der Widergewalten
Gelassen am eigenen Ich sich halten:
Zerrt nur, schraubt nur, Ihr reißt mir nichts los!
So ward Böcklin groß."

So in Streit und Widerstreit
Unter des Sternfriedens Herrlichkeit
Zügelten sie das rasche Wort,
Je mehr sie dem geweihten Ort
Sich nahten, gingen schließlich nur
Schweigend auf eines Gedankens Spur,
Von einem tiefen Empfinden gewiegt,
Das alles laute Wesen besiegt.
Merkten, und merkten's auch wieder nicht:
Heller wurde der Sterne Licht,
War ein himmlischer Wunderschein,
Der hüllte alles um sie ein.

Und da stand des Meisters Gestalt,
Wie man Gott Vater abgemalt,
Der mit gelassener Gebärde
Sich runden heißt den Kreis der Erde,
Baum, Tier und Menschen stellt hinein

Und freut sich: nun kann's Sonntag sein.
Zur Seite hockt ihm gemächlich Gott Pan
Und lässt die Flöte lieblich klingen.
Bockfüßiger Faune Tanz zerstampft den Plan,
Und um die Zottelbären schlingen
Dryaden einen lustigen Reihn
Und Flügelbuben springen drein. —
Doch mählich ordnet sich das Spiel und drängt
Dem Strand zu, wo Tritonen liegen
Und Nixen, Arm in Arm gehängt,
Sich leise auf den Wellen wiegen.
Und von dem munteren Zug geleitet,
Arm traut in Arm mit Pan, so schreitet
Böcklin zum Strand hinab. Pans Flöte schweigt,
Doch aus den Muscheln der Tritonen steigt
Dröhnend ein Gruß, dass rings das Ufer bebt.
Der Gruß verhallt. Still wird's. Vom Meere schwebt
Ein Segel her, naht eine Barke sich,
Drin steht der Tod mit seiner stummen Geigen
Und bittet jenen, in das Boot zu steigen.
Der grüßt und folgt. Leis schwankt der Barke Rand.
Ein Edelbild, das nicht vom Steuer wich,
Ein göttlich Weib bietet dem Gast die Hand.
Dann ist, umspielt von jungen Nereiden,
Das selige Schiff langsam vom Strand geschieden,
Nur eine milde süße Geige klang
Noch lang im Wind, bis es die Nacht verschlang.

Und Pan? die Faune? die Dryaden? Nichts
War da, als nur ein Schimmer stillen Lichts,
Das von den Sternen um den Hügel wob. —
Und als der Maler seine Stimme hob
Und fragte: „Freund, was träumt dir? Lass uns gehn,
Des Meisters Ruhestätte anzusehn,"
Fährt jener auf aus seinem Traum und lacht:

„Hab mit der Phantasie ein Spiel gemacht,
Ich sah das ganze Bocksbeinvolk im Reigen
Dem Meister Arnold Reverenz bezeigen.
Doch komm und lass uns an den Hügel treten,
Auch uns gehört der Böcklin, uns Poeten."

Still lag das Grab im Frieden dieser Nacht,
Der Lorbeer glänzte im Licht der Sterne,
Und aus der halbverwelkten Rosenpracht
Verlor ein letzter Duft sich in die Ferne. —
Die aber jetzt an diesem Hügel standen
Und ihrer Weihe keine Worte fanden,
Ob sie aus dieser andachtstrunknen Nacht
Wohl eine Frucht mit in den Tag gebracht?
Was kann dies Grab aus seiner Kammer geben?
Dem Starken Höchstes: Lust und Kraft zum Leben.

Der Trauermantel

Einsamer Mohn glühte am Grabenrand,
Ein Falter zog um ihn zitternde Ringe.
Ein Trauermantel. Sonnig lag das Land,
Der einzige Schatten war die schwarze Schwinge
Des dunklen Gauklers dort, der um die Glut
Des roten Mohns, ein traumhaft Wesen, flog.
Und mählich schien es mir, als ob das Blut
Der Blume aus den Wangen wich; sie zog
Erblassend, welkend, sich in sich zusammen,
Doch immer noch um die erloschnen Flammen
Zuckten die schwarzen Flügel, bis ein Wind,
Der übern Weg lief, sie ins Feld entführte.
War ich vom Licht, vom Flügelflimmern blind?
War es ein Schlaf, ein Traum, der mich berührte,

Erzeugt in jenem Purpurkelch, der jetzt
Wie vorher flammte, sommerheißer Glut?
Ein Nichts. Ein Spuk. Blendwerk. Und doch, zuletzt,
Es blieb ein leises Frösteln mir im Blut,
Und als ich abends mit den Freunden trank,
Die heiterm Tag ein heitres Ende machten,
Sprach ich von Herbst und Tod; sie aber lachten
Und stießen fröhlich an. Ein Glas zersprang.

Tag und Nacht

Einen dichtesten, dunkelsten Schleier trug
Die Nacht. Quält alte Schuld und Not
Sie immer noch? Auf ihrem Flug,
Was sie mit leisem Flügel schlug,
Stand alles starr und tot.

Was kümmert es den jungen Tag,
Was die schweigsame Schwester beschwert,
Da er in holdem Schlummer lag;
Er fragt der Weinenden nicht nach,
Die seiner nie begehrt.

Auf falterfarbigen Flügeln hebt
Er freudejauchzend sich hinauf,
Und wie er über den Wiesen schwebt,
Ein jedes Blümchen, das da lebt,
Lächelt zu ihm auf.

Nur der trübe Bach klagt leis
Zwischen Schilf und schwarzem Moor.
Gab ihm die Nacht ihr Geheimnis preis?
Er flüstert und wispert, als ob er was weiß,

Und raschelt und raunt im Rohr.

Das Birkenwäldchen

Inmitten öder Heide träumt
Ein Birkenwäldchen, sumpfumsäumt.
Die stillen Wasser blinken,
Daraus die Wurzeln trinken.

Hier geht sobald kein Menschenfuß
Und klingt kein Sommervogelgruß,
Hier ist in ihrer Klause
Die Einsamkeit zu Hause.

Und nächtens stellt bei Mondenschein
Ein Wispern sich und Flüstern ein,
Und weiße Schatten heben
Gespenstisch sich ins Leben.

Und mittags, wenn die Sonne glüht,
Dass fast die Heide Funken sprüht,
Scheint dort in kühlen Schauern
Ein Seltsames zu lauern.

Ein Jäger, den die Heideglut
Hintrieb, war einst dort eingeruht,
Ihm träumt' — er konnt's nicht sagen,
Er starb in wenig Tagen.

Der Freier

Es saß im hellen Sonnenschein
Gevatter Tod am Grabenrand,
Kreuzte gemächlich Bein und Bein
Und hielt ein Blümchen in der Hand.

Er trieb das alte Fragespiel
Und fragte ehrlich Blatt für Blatt,
Bis er den kahlgerupften Stiel
In seinen harten Fingern hatt'.

Ein melancholisch Lächeln glitt
Leicht übers gelbe Kalkgesicht,
Dann stand er langsam auf und schritt
Durchs Stoppelfeld. Er eilte nicht.

Das Dorf lag hinterm nächsten Hang,
Und sicher war die Braut ihm auch,
So war denn auch sein Freiersgang
Gemächlicher als sonst der Brauch.

Noch einmal, vor dem letzten Haus,
Brach er ein Asterchen und riss
Ihm alle seidenen Blättchen aus
Und zählte nicht, des Spiels gewiss.

Er warf den Stengel hinter sich
Und trat ins niedere Häuschen ein:
Schön Annemarie, ich liebe dich
Und frage nicht ja und frage nicht nein.

Der Frühlingsreiter

Um Mitternacht
Bin ich jäh erwacht.

Hufschlag hallte, ein Horn erklang,
Dass ich erschreckt ans Fenster sprang.

Der Mond schien hell,
Und da kam es zur Stell:
Ein Schatten voraus, dann ein milchweiß Ross,
Darüber des Mondes Silber floss,

Und ein Reiter ganz jung, einen blauen Kranz
Im Gelock. Hell blitzte des Hornes Glanz
In der Faust, und er stieß in das Horn hinein,
Als sollte und müsste geblasen sein.

O war das ein Klang
In dem Horngesang!
Eine süße Kraft, eine blühende Kraft,
Eine zitternde, quellende Leidenschaft,

Ein Herz und ein Jubel, ein seliger Schrei!
Ein Klingen, ein Leuchten — da war es vorbei.
Hatte mich ein Traum bethört?
Nicht einer hatte den Reiter gehört,

Sie lachten mich alle am Morgen aus:
Da kommt der Träumer, der Dichter heraus.
Aber mein Töchterchen kam mit Hurra:
Seht mal, die ersten Veilchen sind da!

Und ich glaube, auch Krokus und Narzissen
Kommen schon. — Was wollt ich noch wissen?
Ich lächelte nur und sagte: Ja, ja,
Ich weiß, die Veilchen sind wieder da.

Scherz

65

Als ich heute Nacht
Das Fenster aufgemacht,
Sah ich ein Bübchen mit zitternden Flügeln,
Das stolperte zwischen weißen Hügeln;
Bald auf dem linken, bald auf dem rechten Zeh,
So stelzt es im Schnee.

War's Amor, der ein Ständchen gebracht,
Überrascht von der ersten Winternacht?
Oder war es nur ein letzter
Kleiner dicker untersetzter
Blumengeist, der überrumpelt
Durch den ersten Schnee hinhumpelt
Und weiß nicht so schnell
Wohin zur Stell,
Und, so was kommt vor, im Schrecken vergisst,
Dass er fliegen kann, geflügelt ist?

Ich rief ihn an: Pst! Kleiner!
Kriegt mich auf einmal von hinten einer
Am Kragen und schilt: Schließ das Fenster doch,
Du erkältst dich noch.

Meine Frau, die verständige war's, sie hält meist
Meine Märchenerfindungen für sehr dreist.
So hab ich ihr auch, was ich sah, verschwiegen
Und bin ganz still ins Bett gestiegen.

Die Schnitterin

War einst ein Knecht, einer Witwe Sohn, —
Der hatte sich schwer vergangen.
Da sprach sein Herr: Du bekommst deinen Lohn,'

Morgen musst du hangen.

Als das seiner Mutter kund gethan,
Auf die Erde fiel sie mit Schreien:
O lieber Herr Graf und hört mich an,
Er ist der letzte von dreien.

Den ersten schluckte die schwarze See,
Seinen Vater schon musste sie haben,
Den andern haben in Schonens Schnee
Eure schwedischen Feinde begraben.

Und lasst ihr mir den letzten nicht,
Und hat er sich vergangen,
Lasst meines Alters Trost und Licht
Nicht schmählich am Galgen hangen.

Die Sonne hell im Mittag stand,
Der Graf saß hoch zu Pferde,
Das jammernde Weib hielt sein Gewand
Und schrie vor ihm auf der Erde.

Da rief er: Gut, eh die Sonne geht,
Kannst du drei Äcker mir schneiden,
Drei Äcker Gerste, dein Sohn besteht,
Den Tod soll er nicht leiden.

So trieb er Spott, hart gelaunt,
Und ist seines Wegs geritten.
Am Abend aber, der Strenge staunt,
Drei Äcker waren geschnitten.

Was stolz im Halm stand über Tag,
Sank hin, er musst es schon glauben.
Und dort, was war's, was am Feldrand lag?
Sein Schimmel stieg mit Schnauben.

Drei Äcker Gerste, ums Abendrot,
Lagen in breiten Schwaden,
Daneben die Mutter, und die war tot.
So kam der Knecht zu Gnaden.

Das Geisterschiff

Alle Schiffer kamen wieder,
Kay kam nicht.
Auf die Erde warf Meike sich nieder,
In den Sand das Gesicht.

Sie weinte und rang die weißen Arme:
Kay, komm, Kay!
Sie flehte und fluchte, dass Gott erbarme:
Kay, komm, Kay!

Da lief ein Schiff auf schwarzer Welle
Nachts an den Strand,
Da kam ihr toter Herzgeselle
Und nahm sie bei der Hand.

Sie fühlte es bis in die spitzen Zehen
Und bis in ihr blondes Haar.
Und Meike musste mit ihm gehen
Und segeln immerdar.

Die treue Schwester

Vater und Mutter lagen im Grab,
Und der Bruder wollt übers weite Meer.

Wiebke hing an seinem Hals,
Verzagt und weinte sehr.

Meine Lampe will ich ans Fenster stelln,
Kein Stern hat hellem Schein,
Herzbruder, und wenn du wiederkehrst,
Dein Schiff läuft sicher ein.

Ans Fenster stellte die Lampe sie
Und wartete an sieben Jahr,
Alle Schiffer kannten ihr Licht,
Das brannte hell und klar.

Sieben Jahre und sieben noch.
Lösch doch deine Lampe aus.
Sie schüttelte ihren weißen Kopf:
Er kommt doch einmal nach Haus.

Und eines Nachts, und die See ging schwer,
Und sie sahen, am Fenster brannte kein Licht;
Da sprachen sie, er ist heimgekehrt,
Ihr Glaube trog sie nicht.

Und morgens, sie wollten den Bruder sehn,
Im Hafen war kein Schiff, kein Boot,
Und sie gingen und fanden die Lampe leer,
Und Wiebke saß und war tot.

Sara Limbeck

Schön Sara, des Ritter Limbecks Weib,
War jung und immer fidel,
Der Ritter aber war krank an Leib
Und alt an Herz und Seel!

Und gab's im Schloss ein fröhlich Bankett
Mit Saras lustigen Kumpanen,
Der Ritter Limbeck lag im Bett,
Bekam nichts von Kapaun und Fasanen.

Und oftmals verdross es schön Sara zu Haus,
Dann musste die Kutsche vor,
Mit vier schwarzen Rappen fuhr sie aus,
Laut knarrte das alte Thor.
Der Ritter richtete sich auf,
Die Knochen zusammengerissen;
Das gibt wieder fröhlich Gejaid und Gesauf!
Und er sank zurück in die Kissen.

Schön Sara lebte in Saus und Braus,
Ritter Limbeck starb allein.
Sie drückte sich keine Thräne heraus,
Jetzt wollt sie erst lustig sein!
Ritter Limbeck lag in der kalten Gruft,
Und oben klirrten die Becher,
Und war mancher Schelm und war mancher Schuft,
Der wurde verliebter und frecher.

Und übers Jahr, und die gleiche Nacht
Und der gleiche Stundenschlag,
Da der Limbeck sein letztes Kreuz gemacht,
Und im Schloss war ein lärmend Gelag,
Da fuhr die große Kutsche vor,
Von vier schwarzen Rappen gezogen,
Und Sara fuhr durch das knarrende Thor,
Und die schwarzen Rappen flogen.

Frau Sara fuhr feldein, feldaus,
Die Nacht war schwarz und schwer,
Frau Sara kam nicht wieder nach Haus,
Man sah sie niemals mehr.

Nur nachts, wenn Wandrer irr und wirr
Verlorenen Weg sich suchen,
Erschreckt sie auf einmal ein schwarz Geschirr
Und ein Schnauben und Peitschen und Fluchen.

Das ist die lustige Sara, die nun
Nächtlich kutschieren muss,
Und könnte beim Ritter Limbeck ruhn
Für einen letzten Kuss.
Nun fährt sie hundert Jahre wohl noch
Querfeld, trotz Zaun und trotz Hecken.
Durch! Wie die Kutsche so groß gibt's ein Loch,
Den Bauern zum höllischen Schrecken.

Thies und Ose.

In Wenningstedt bei Karten und Korn
Erschlug einst ein Bauer in jähem Zorn
Seinen Gast. Thies Thiessen war stark,
Und der Hansen ein Stänker um jeden Quark.

Nun lag er bleich und im Blut auf dem Stroh.
Aber wo war Thies Thiessen? Wo?
Sie suchten ihn und fanden ihn nicht,
Und der Galgen machte ein langes Gesicht.

Ose, des Mörders Weib, kam in Not.
Vier Kinder wollten von ihr Brot.
Ihr Kram ging zurück. Stück für Stück
Ward verkauft, und sie suchte bei Fremden ihr Glück.

Doch stand sie in Ehren bei jedermann
Und that ihnen leid. Die Zeit verrann,
Und Thies Thiessen war und blieb

Weg, als wäre die Welt ein Sieb.

So wurden es Jahre. Auf einmal fing's
Zu tuscheln an, bis nach Rantum ging's:
Habt ihr gesehn? Schon lange. Nanu!
Meint ihr? Und sie nickten sich zu.

Sie war doch sonst ein ehrlich Weib,
Nun schreit ihre Schande das Kind im Leib.
Mit wem sie's wohl hält? Das Mannsvolk ist toll!
— Das war ein Geschwätz, alle Stuben voll.

Die fromme Ose ertrug es in Scham,
Kein Wort über ihre Lippen kam.
Nur einem fraß es am Herzen und fraß,
Bis ihm der Schmerz in den Fäusten saß.

Und eh sich's die Lästermäuler versahn,
Stand er auf: Ich hab's gethan!
Und standen alle und glotzten sehr:
Thies Thiessen? Gott sei bei uns! Woher?

Nicht verrat ich das Dünenloch,
Und ihr findet es nimmer. Sie aber fand's doch.
Und geht's um den Hals, das Kind ist mein.
Und verdammt, wer's nicht glaubt. Ich bläu's ihm ein.

Und er sah elend aus und schwach,
Und er hielt sie wie ein Gespenst in Schach,
Bis ihnen allen allmählich klar,
Dass der da wirklich Thies Thiessen war. —

Der Hansen war tot, von keinem vermisst,
Ein Säufer war er und schlechter Christ.
Aber der Thiessen, ein Kerl ist er doch!
Und die Ose, gibt's eine Bravere noch?

Alle die Jahre in Elend und Not
Teilte sie ihr Hungerbrot
Treulich ihm mit. Und jetzt weinte sie da
An seinem Hals. Es ging allen nah.

Sie kauten und spuckten und sahen sich an
Und schoben sich sacht an Thiessen heran
Und brummten und schüttelten ihm die Hand.
Das war ihr Gericht. Und so blieb er im Land.

Wie die Stakendorfer die Lübecker los wurden

Nach Stakendorf kamen die lübischen Herrn
Vor Zeiten alljährlich und kamen gern,
Zwangen die Bauern, den Zehnten zu zahlen,
Und zogen nach Haus mit Protzen und Prahlen.

Einst kamen sie wieder zur Fastnachtszeit
Und säckelten ein und machten sich breit,
Ließen im Gildehaus festlich sich ätzen
Und saßen glorios auf den Ehrenplätzen.

Die Bauern brauten ein gutes Bier.
Knausern sie gern, sie knausern nicht hier,
Sie lassen sich heute am wenigsten lumpen
Und füllen den durstigen Gästen die Humpen.

Bald glänzen die Backen, die Stirnen stehn
In Schweiß, kaum können die Äuglein noch sehn.
Hier sinkt ein Haupt, da lallt eine Zunge,
Dort keucht eine fette lübische Lunge.

Und immer werden die Humpen nicht leer,
Die Lübecker trinken und können nicht mehr,

Bald liegen sie alle, den Kopf auf den Armen
Und schlafen und schnarchen zum Erbarmen.

Da hat die Bauern der Teufel gezwickt,
Da haben die Bauern gebohrt und gewrickt,
Den Tisch und die nächsten Säulen durchlochten
Die tückischen Schelme, so schnell sie vermochten.

Die lübischen Bärte, wie hingen sie schlapp,
Die bübischen Bauern, sie sagten nicht papp,
Sie stopften sie all in die Löcher und schlugen
Zur Sicherheit noch einen Pflock in die Fugen.

Die Herren schlafen, kein Schlag weckt sie auf,
Die Herren schnarchen, ein Ratsherrngeschnauf!
Auf einmal da laufen die Bauern zusammen:
Zeter und Mord! Das Haus steht in Flammen.

Hei, kamen die Schläfer so schnell aus dem Traum,
Ein Zerren, ein Reißen, und leer war der Raum.
Nur die stattlichen Bärte alle
Blieben zurück in der elenden Falle. —

Seitdem, und wer verdenkt es den Herrn,
Hielten sie sich weislich fern.
Zwar haben sie fürchterlich Rache geschworen,
Doch ließ man die Bauern ungeschoren.

Frei vom Zehnten Stakendorf blieb,
Den Lübeckern war ihr Bart zu lieb.

Das Opferkind

Bei Heiligenstedten, der Stördeich war's,

Der Deich wollte nicht halten.
Da war ein Loch, man krigt es nicht zu,
Die Flut weiß zu spülen, zu spalten.
So viel man auch stopft mit Erde und Stein,
Das Meer stößt ein neues Loch hinein.

Da war Not. Wich der Deich,
Das Land musste ersaufen.
Eine alte Frau wusste da Rat,
Man könnt es dem Teufel abkaufen:
Freiwillig muss ein Kind da hinab,
Das hilft, freiwillig hinein da ins Grab.

Ein Kind! Einer Mutter Kind!
Hält jede ihrs fester am Herzen.
Und wenn die ganze Marsch ersäuft,
Kann eine ihr Kind verschmerzen?
Da war Not. Das Loch muss zu.
He, Tatersch, hör mal, bettelst du?

Hier, tausend Thaler! Klimpert's nicht gut?
Der Zigeunerin funkeln die Augen.
Tausend Thaler! Da, nehmt den Balg!
Kann doch nur zum Bettel taugen.
So Schilling für Schilling erscharrt sich's schlecht.
Gebt her! Wer ist gern Hungers Knecht.

Sie legen ein Brett über das Loch
Und ein weißes Brot in die Mitte.
Der hungrige Knabe schwankt daher,
Kleine, hastige Schritte.
Jetzt langt er nach dem Brot. Da: das Brett
Schlägt über und wirft ihn ins nasse Bett.

Kein Schrei. Alles stiert
Stumm aufs Quirlen und Quellen.

Da taucht es auf, ein blass Gesicht,
Aus den lehmigen Wellen,
Taucht auf und spricht ein Wörtchen bloß:
„Ist nichts so weich als Mutters Schoß."

Und taucht zum zweiten Mal auf und spricht:
„Ist nichts so süß, als Mutters Liebe."
Wie das Wort alle packt und brennt.
Wenn doch das Kind endlich unten bliebe!
Da kommt es zum dritten und spricht aufs neu:
„Ist nichts so fest als Mutters Treu."

Dann sinkt es weg. — Sie atmen auf,
Nun muss das Werk geraten!
Die Gäule keuchen, die Karren knarrn,
Es ächzen und knirschen die Spaten.
Erde und Stein hinein ins Loch!
Ein teurer Deich, aber jetzt hält er doch.

www.ingramcontent.com/pod-product-compliance
Lightning Source LLC
Chambersburg PA
CBHW021526270326
41930CB00008B/1117